Made in the USA
Coppell, TX
05 December 2020

43209432R00069